MODES DE PRÉPARATION

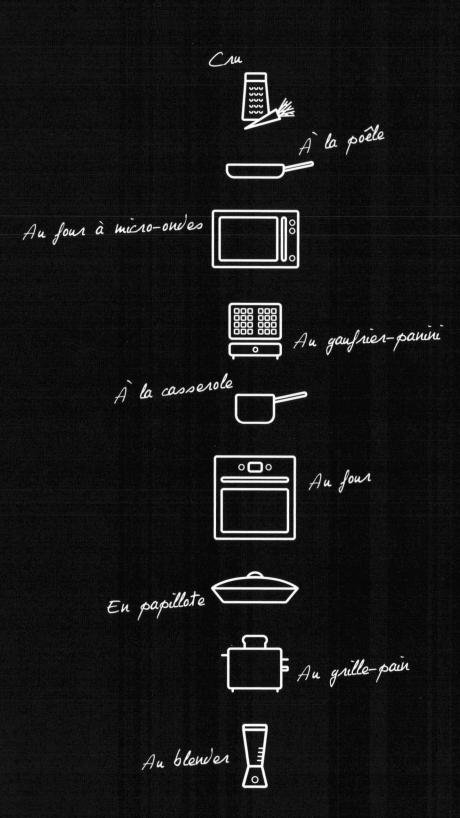

Cru

À la poêle

Au four à micro-ondes

Au gaufrier-panini

À la casserole

Au four

En papillote

Au grille-pain

Au blender

SIMPLE & FRAIS

Pierre Augé

Recettes de tous les jours

DUCASSE EDITION

Cuisiner à la maison est important pour notre santé. À l'heure où la cuisine est devenue une mode, je souhaite rappeler qu'elle est avant tout une nécessité.

L'industrie agroalimentaire nous vend toujours plus de produits contenant des additifs et autres conservateurs dont les effets sur la santé sont alarmants. Ce livre de recettes saines et simples, réalisées exclusivement avec des produits frais, a été pensé pour aider tous ceux qui ont réellement envie de cuisiner tout en se faisant plaisir. J'y transmets quelques astuces et bonnes idées pour préparer rapidement et sans difficultés de bons petits plats. Parce que manger simple et frais, c'est aussi « manger bien ».

Je vous invite également à cuisiner en famille : cette activité amusante éduque le palais de nos enfants en leur apportant une vraie richesse gustative, pour qu'ils soient capables de faire la différence entre ce qui est bon et ce qui l'est moins. La cuisine a tout bon, avec ses vertus pédagogiques et fédératrices, tout en restant une activité ludique. Évitons de retomber dans une cuisine aseptisée pour que demain, nous mangions tous bien.

Vive la cuisine simple et facile !

Pierre Augé

La cuisine, Pierre Augé l'a dans le sang. Fils et petit-fils de charcutiers-traiteurs, le jeune chef biterrois a été plongé dans l'univers de la restauration dès sa plus tendre enfance et a développé très rapidement l'envie de suivre les traces de sa famille. À 16 ans, son CAP cuisine en poche, il quitte sa région natale pour se former aux côtés des plus grands à Paris et à Londres. Frédéric Anton, Pierre Gagnaire, Eric Frechon, Grégoire Sein ou encore Alain Solivérès et Yves Camdeborde comptent alors parmi ses mentors, et ses expériences dans des cuisines de prestige comme le Pré Catelan ou l'hôtel Elysée Vernet lui permettent de grandir en tant que chef et en tant qu'homme. Il y développe sa créativité et son désir de réaliser des assiettes toujours plus techniques et raffinées.

Passionné, travailleur, toujours en quête de nouveaux challenges, celui que l'on nomme désormais Petit Pierre rentre auprès des siens nourri de savoir-faire et d'idées novatrices pour exprimer sa cuisine. Il les met en œuvre derrière les fourneaux du restaurant familial dont il reprend les rênes et qui devient "La Maison de Petit Pierre". Dans ce lieu de convivialité et de partage où rien n'est laissé au hasard – de la déco au dressage de chaque assiette – le chef cultive, avec son épouse Fanny, l'amour d'une cuisine bistronomique de qualité: exigeante, de saison, et à l'écoute des clients, parmi lesquels beaucoup sont des habitués.

Des aspirations qui animent Pierre Augé au quotidien et qui lui ont permis de se forger une image de petit génie de la cuisine, notamment grâce à ses participations victorieuses dans plusieurs éditions de Top Chef et du Choc des champions. Mais sa notoriété croissante ne l'empêche pas d'être conscient de ce qui compte vraiment: la cuisine authentique est avant tout un lieu de partage et de plaisir qui se vit ensemble, simplement.

10.11
SUPER RAPIDE

30.31
EN FAMILLE

44.45
VEGGIE

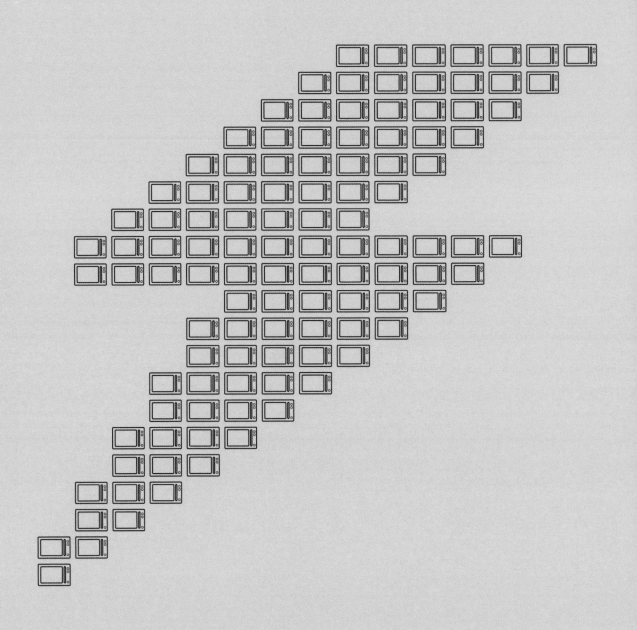

SUPER RAPIDE

11

POMME À L'HUILE, AIL, THYM, SARDINES

POUR 1 PERSONNE
PRÉPARATION : 15 MIN – CUISSON : 7 MIN

POUR LA POMME À L'HUILE
1 POMME DE TERRE
1 GOUSSE D'AIL
1 BRANCHE DE THYM
1 BRANCHE DE LAURIER
200 G D'HUILE D'OLIVE

POUR LES SARDINES
2 SARDINES
10 G DE SAUCE SOJA
1 G D'AIL HACHÉ
15 G D'HUILE D'OLIVE
1 PINCÉE DE SEL FIN
1 PINCÉE DE PIMENT D'ESPELETTE

Épluchez la pomme de terre. Taillez-la en tranches de 1 cm d'épaisseur et mettez-la dans un bac en plastique. Pelez l'ail et coupez-le en deux. Mettez-le avec la pomme de terre et ajoutez le thym, le laurier et l'huile d'olive. Filmez le bac et passez-le 7 min au four à micro-ondes à puissance maximale.

Levez les filets de sardines et assaisonnez-les avec la sauce soja, l'ail haché, l'huile d'olive, le sel fin et le piment d'Espelette. Servez avec la pomme à l'huile et quelques pousses de salade.

ASTUCES : Vous pouvez utiliser des sardines en boîte à la place des sardines fraîches si vous le souhaitez. Passez le plat 1 min au four à 160 °C (th. 5/6) pour le déguster tiède.

PETITS POIVRONS FARCIS GRAND-MÈRE

POUR 1 PERSONNE
PRÉPARATION : 10 MIN – CUISSON : 7 MIN
REPOS : 5 À 10 MIN

4 PETITS POIVRONS
40 G D'EAU
1 PINCÉE DE CURRY
1 BRANCHE DE THYM

POUR LA FARCE
25 G DE CHAIR À SAUCISSE

20 G DE PAIN
10 CL DE LAIT
1 G D'AIL
3 G DE BASILIC
3 G DE PERSIL
SEL
POIVRE

Mettez le pain à tremper dans le lait pendant 5 à 10 min pour la préparation de la farce. Pendant ce temps, hachez l'ail et le basilic, et ciselez le persil. Mélangez la chair à saucisse avec le pain, puis ajoutez l'ail, le basilic et le persil. Assaisonnez avec du sel et du poivre. Garnissez les poivrons avec la farce obtenue et déposez-les dans une assiette creuse. Mélangez l'eau avec le curry et versez dans l'assiette. Ajoutez le thym, filmez, puis mettez au four à micro-ondes. Faites cuire 7 min à puissance maximale.

ASTUCE : S'il vous reste du pain vieux d'un jour ou deux, n'hésitez pas à l'utiliser pour faire cette recette. Dans ce cas, mettez-le plus longtemps à tremper dans le lait.

FLORALINE® AU LAIT D'AIL POUR PETITS ET GRANDS

POUR 1 PERSONNE
PRÉPARATION : 5 MIN – CUISSON : 3 MIN

50 G DE FLORALINE®
1 GOUSSE D'AIL
200 G DE LAIT ENTIER
1 BRANCHE DE THYM
15 G DE BEURRE

20 G DE CRÈME LIQUIDE
1 JAUNE D'ŒUF
2 PINCÉES DE SEL FIN
1 PINCÉE DE POIVRE NOIR

Pelez la gousse d'ail et coupez-la en deux. Mettez-la avec le lait, la branche de thym et la Floraline® dans un bac allant au four à micro-ondes. Couvrez et faites cuire 3 min à puissance maximale. Sortez le bac, puis montez la préparation avec le beurre et la crème liquide, et assaisonnez. Versez dans un bol et ajoutez le jaune d'œuf battu à la surface.

ASTUCES : On peut aussi manger la Floraline® en entrée ou en accompagnement d'une viande ou d'un poisson. Retirez l'ail, le thym et le poivre, et remplacez le sel par du sucre pour réaliser un dessert.

ŒUF COCOTTE PESTO, PISTACHES ET HERBES AROMATIQUES

POUR 1 PERSONNE
PRÉPARATION : 5 MIN – CUISSON : 1 MIN

1 ŒUF

POUR LE PESTO
50 G DE PISTACHES TORRÉFIÉES

10 G DE CERFEUIL
5 G D'ESTRAGON
10 G DE BASILIC
10 G D'HUILE D'OLIVE
1 PINCÉE DE SEL

Cassez l'œuf dans une verrine ou un petit bol, filmez et mettez au four à micro-ondes. Laissez cuire deux fois 30 s à puissance maximale.

Dans un blender, mixez les pistaches torréfiées avec le cerfeuil, l'estragon, le basilic, l'huile d'olive et le sel pour réaliser un pesto. Déposez-le sur l'œuf cocotte cuit.

Servez avec quelques pluches de cerfeuil et des mouillettes.

ASTUCE : Attention, faites bien cuire l'œuf en deux fois, sinon il risque d'éclater.

BOUILLON INSTANTANÉ DE GAMBAS, CÉLERI BRANCHE ET QUINOA

POUR 1 PERSONNE
PRÉPARATION : 10 MIN – CUISSON : 17 MIN

4 GAMBAS
500 G D'EAU
40 G DE QUINOA
40 G DE CÉLERI BRANCHE

1 PINCÉE DE SEL FIN
8 FILAMENTS DE SAFRAN
3 G D'HUILE D'OLIVE

Décortiquez les gambas. Mettez toutes les carcasses dans un récipient avec l'eau, filmez et faites cuire le tout au four à micro-ondes pendant 3 min. Mixez à chaud au blender, puis passez au chinois étamine en pressant bien afin de récupérer un bouillon savoureux.

Versez le quinoa dans ce bouillon. Épluchez le céleri branche, taillez-le cru en biais et ajoutez-le au bouillon également. Assaisonnez avec le sel, le safran et l'huile d'olive, puis filmez et mettez au four à micro-ondes.

Faites cuire 14 min à puissance maximale.

Passez au chinois pour le dressage. Mettez le céleri et le quinoa dans une assiette creuse, puis versez le bouillon dessus.

ASTUCE : Le bouillon aura encore plus de goût si vous le préparez le matin pour le soir ou la veille pour le lendemain.

TERRINE DE FOIE GRAS, CACAO

POUR 4 À 6 PERSONNES
PRÉPARATION : 10 MIN – CUISSON : 3 À 6 MIN
REPOS : 24 H

1 FOIE GRAS DE CANARD
ÉVEINÉ D'ENVIRON
500 À 600 G
6 G DE SEL FIN

1 G DE POIVRE NOIR
DU MOULIN
2 G DE CACAO EN POUDRE

La veille, séparez le petit lobe et le gros lobe du foie gras, puis assaisonnez le tout avec le sel fin, le poivre noir moulu et le cacao en poudre. Rabattez le petit lobe sur le gros pour reformer le foie et roulez-le dans du film alimentaire en lui donnant la forme d'un boudin régulier. Mettez le foie gras dans une terrine et passez-la au four à micro-ondes à la puissance maximale durant 3 à 6 min. Laissez refroidir. À la sortie du four à micro-ondes, piquez le lobe de foie gras avec la pointe d'un couteau d'office afin que l'excédent de graisse en sorte, puis réservez au frais 24 h. Le jour même, sortez la terrine du réfrigérateur quelques minutes avant la dégustation pour que le foie gras revienne à température, puis dégustez.

ASTUCE : Avec 3 min de cuisson au four à micro-ondes, le foie gras sera mi-cuit. Si vous l'aimez plus cuit, laissez-le 6 min.

PAIN DE COURGE VAPEUR

POUR 4 PERSONNES
PRÉPARATION : 15 MIN – CUISSON : 21 MIN

1 COURGE D'ENVIRON 600 G
20 G D'HUILE D'OLIVE
150 G DE CRÈME LIQUIDE
SEL
POIVRE

**POUR LE PAIN
À LA VAPEUR**
110 G DE JAUNES D'ŒUFS
160 G DE BLANCS D'ŒUFS
1 G DE CURCUMA
80 G DE POUDRE D'AMANDE
25 G DE FARINE

Épluchez la courge et taillez-la en petits dés. Faites-la cuire dans une casserole pendant 20 min environ, puis mixez-la au blender. Réservez 320 g de pulpe pour la confection du pain vapeur, et assaisonnez le reste avec l'huile d'olive, la crème liquide, le sel et le poivre pour obtenir un velouté. Mélangez la pulpe de courge cuite réservée avec les jaunes et les blancs d'œufs, le curcuma, la poudre d'amande et la farine, puis assaisonnez. Versez dans un siphon, ajoutez 2 cartouches de gaz et garnissez des gobelets en plastique de cette préparation à mi-hauteur. Faites cuire 1 min au four à micro-ondes à puissance maximale pour obtenir des pains aériens. Servez-les avec le velouté de courge dans des assiettes creuses.

ASTUCE : Agrémentez ce plat de quelques graines de courge torréfiées et d'une pincée de café moulu.

CHOCOLAT CHAUD
AU THÉ EARL GREY

POUR 1 PERSONNE
PRÉPARATION : 5 MIN – CUISSON : 6 MIN
INFUSION : 10 MIN

400 G DE LAIT ENTIER   **1** SACHET DE THÉ EARL GREY
110 G DE CHOCOLAT NOIR

Réalisez un chocolat chaud en faisant cuire le lait avec le chocolat noir au four à micro-ondes pendant 4 min à puissance maximale. Remuez pour obtenir une préparation homogène.

Plongez le sachet de thé dans le chocolat chaud et laissez infuser 10 min. Faites à nouveau cuire au four à micro-ondes pendant 2 min. Retirez le sachet de thé et mixez à l'aide d'un mixeur plongeant ou d'un fouet pour bien lier la préparation.

ASTUCE : Servez ce chocolat chaud au petit déjeuner avec des tartines de pain beurré, ou versez-le sur des poires pochées en guise de dessert.

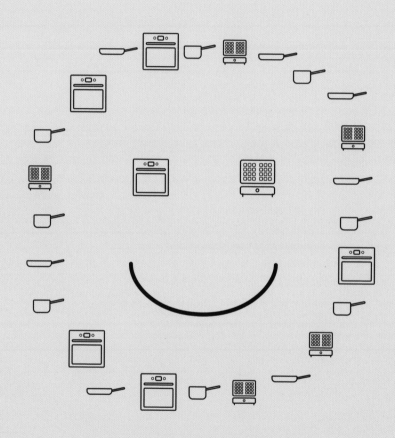

EN FAMILLE

31

HOT-DOG DE PAIN DE MIE, SAUCISSE DE STRASBOURG, BASILIC

POUR 4 PERSONNES
PRÉPARATION : 20 MIN – CUISSON : 2 MIN
REPOS : 24 H

4 TRANCHES DE PAIN DE MIE
4 SAUCISSES DE STRASBOURG
2 TOMATES
HUILE D'ARACHIDE

POUR L'HUILE DE BASILIC
100 G DE BASILIC
60 G D'HUILE D'OLIVE

La veille, coupez les tomates en tranches fines. Mixez le basilic avec l'huile d'olive dans un blender. Détrempez les tranches de pain de mie en les passant 10 s au four vapeur ou en les déposant sur une grille au-dessus d'un bain d'eau chaude. Tartinez immédiatement chaque tranche d'une couche d'huile de basilic, puis ajoutez des lamelles de tomate et déposez la saucisse. Roulez le pain autour de la saucisse dans du film alimentaire en serrant bien. Réservez au réfrigérateur 24 h. Le jour même, faites colorer les hot-dogs sur toutes les faces dans une poêle avec de l'huile d'arachide pendant 2 min environ. Égouttez sur de l'essuie-tout, puis servez.

ASTUCE : Prenez des tranches de pain de mie de la même longueur que les saucisses. Il faut qu'elles soient tièdes et humides pour être maniables et qu'elles collent bien.

SAMOSSAS DE CRÊPES JAMBON BLANC-MASCARPONE

POUR 4 PERSONNES
PRÉPARATION : 15 MIN – CUISSON : 1 MIN/CRÊPE
+ 1 MIN

POUR LA PÂTE À CRÊPES
80 G DE FARINE
100 G D'ŒUFS
25 CL DE LAIT

50 G DE BEURRE NOISETTE
(FACULTATIF)
40 G DE MASCARPONE
2 FINES TRANCHES
DE JAMBON BLANC
1 FILET D'HUILE D'OLIVE

Réalisez la pâte à crêpes : versez la farine en puits dans un saladier, puis ajoutez les œufs un à un. Versez le lait progressivement à mesure que le mélange épaissit, puis éventuellement le beurre noisette, tout en fouettant pour éviter les grumeaux.

Faites cuire les crêpes à la poêle pendant environ 1 min pour qu'elles soient bien légères, jusqu'à épuisement de la pâte. Taillez chaque crêpe en 4 bandes de longueur égale. Sur chacune de ces bandes, disposez 1 c. à c. de mascarpone et 1 tranche de jambon blanc. Pliez ces bandes de crêpe en triangles de manière à obtenir des samossas, puis poêlez-les 1 min à l'huile d'olive pour les saisir et les rendre croustillants.

ASTUCE : Vous pouvez remplacer le mascarpone par de la crème fraîche ou du fromage frais de type Kiri®.

GAUFRES DE MOZZARELLA EN CROÛTE DE PAIN

POUR 4 PERSONNES
PRÉPARATION : 5 MIN – CUISSON : 2 MIN
REPOS : 10 MIN

4 BOULES DE MOZZARELLA
DE 125 G CHACUNE
150 G DE FARINE

3 BLANCS D'ŒUFS
200 G DE CHAPELURE

Coupez les boules de mozzarella en deux. Préparez 3 récipients avec respectivement la farine, les blancs d'œufs battus et la chapelure. Panez les moitiés de mozzarella à l'anglaise : passez-les d'abord dans la farine, puis dans les blancs, et enfin dans la chapelure. Laissez sécher 10 min, puis répétez l'opération une deuxième fois en respectant le même ordre. Faites cuire dans un gaufrier pendant 2 min environ.

Servez en entrée avec un pesto et une belle salade de tomate, par exemple.

ASTUCES : Si vous n'avez pas de gaufrier, vous pouvez également faire cuire ces gaufres dans une friteuse. Coupez les boules de mozzarella en plusieurs morceaux pour obtenir des gaufres plus petites, à servir en cocktail ou à l'apéritif.

CRÈME CHOCOLAT FAÇON SNICKERS®

POUR 4 PERSONNES
PRÉPARATION : 20 MIN – CUISSON : 10 MIN
REPOS : 12 À 24 H

0,5 CL DE LAIT ENTIER
0,5 CL DE CRÈME LIQUIDE
30 G DE JAUNES D'ŒUFS
30 G DE SUCRE SEMOULE
100 G DE CHOCOLAT NOIR
(GUANAJA DE VALRHONA®)

10 G DE CACAHUÈTES
SALÉES CARAMÉLISÉES

POUR LE CARAMEL MOU
100 G DE SUCRE SEMOULE
80 G DE CRÈME LIQUIDE

La veille, portez à ébullition le lait et la crème. Fouettez les jaunes d'œufs avec le sucre, puis versez le mélange lait-crème bouillant dessus. Reversez dans la casserole et faites cuire à 84°C, à la nappe, comme une crème anglaise. Hachez le chocolat dans un saladier et versez la crème chaude dessus. Mélangez, puis versez dans des verrines et laissez prendre au réfrigérateur 12 à 24 h.
Le jour même, réalisez un caramel mou en faisant cuire le sucre, puis en déglaçant avec la crème à température. Nappez les crèmes prises de caramel mou, puis parsemez de cacahuètes salées caramélisées concassées.

ASTUCE : Attention à la cuisson de la crème anglaise. Si elle n'est pas assez cuite, la ganache sera trop liquide. Si elle est trop cuite, vous pouvez la rattraper en la mixant, puis en la passant au chinois pour retirer les grumeaux.

MIEL POPS®, BANANES AU FOUR

POUR 4 PERSONNES
PRÉPARATION : 10 MIN – CUISSON : 15 MIN

50 G DE MIEL (SOIT ENVIRON
2 C. À S.)
30 G DE MIEL POPS® (SOIT
ENVIRON 2 POIGNÉES)
4 BANANES

**POUR LA CRÈME
CHANTILLY**
120 G DE CRÈME LIQUIDE
1 GOUSSE DE VANILLE
20 G DE SUCRE SEMOULE
LE JUS DE **1/2** CITRON

Préchauffez le four à 160 °C (th. 5-6). Faites chauffer le miel dans une poêle jusqu'à l'obtention d'une coloration blonde. Ajoutez les Miel Pops® et remuez délicatement pour bien les enrober. Débarrassez le tout sur une plaque, bien à plat.

Faites cuire les bananes à 160 °C (th. 5-6) pendant 10 min. Pendant ce temps, montez la crème liquide avec les graines de la gousse de vanille dans un batteur muni du fouet. Lorsqu'elle prend la texture d'une crème chantilly, ajoutez le sucre semoule et le jus de citron.

Lorsque les bananes sont cuites et bien noires, retirez une bande de peau et disposez-les sur des assiettes. Ajoutez les Miel Pops® et une belle quenelle de crème chantilly.

ASTUCE : Réalisez cette recette s'il vous reste des bananes un peu trop mûres, elle n'en sera que meilleure, et cela vous évite de les jeter.

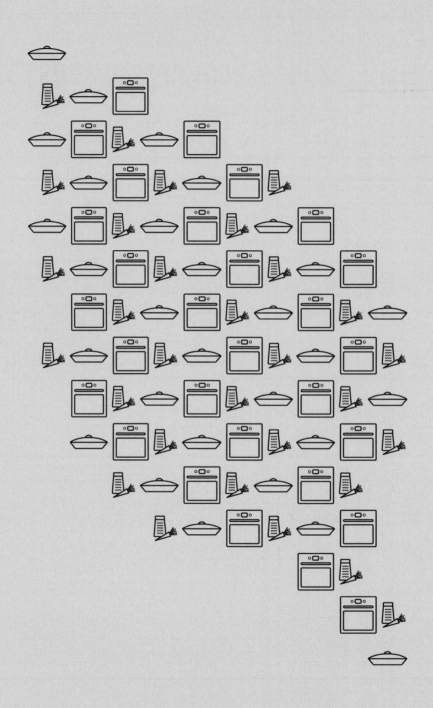

VEGGIE

GAMBAS TAPÉES
À L'HUILE DE GINGEMBRE

POUR 4 PERSONNES – PRÉPARATION : 10 MIN

12 À 16 GAMBAS (SELON LA TAILLE)
10 G D'HUILE D'OLIVE
2 G DE GINGEMBRE

SEL
PIMENT D'ESPELETTE
1 ORANGE SANGUINE

Décortiquez les gambas et mettez-en le quart entre 2 feuilles de film alimentaire. Tapez-les délicatement à l'aide d'une casserole, sans les écraser. Retirez une feuille de film, puis retournez les gambas tapées directement sur une assiette plate. Retirez alors la seconde feuille de film. Cerclez éventuellement les gambas tapées pour former un joli disque. Réitérez cette opération trois fois pour obtenir 4 assiettes.

Mélangez l'huile d'olive avec le gingembre finement râpé à la Microplane®, du sel et du piment d'Espelette, puis assaisonnez les gambas de cette préparation à l'aide d'un pinceau. Disposez un joli mélange de salades et quelques quartiers d'orange sanguine tout autour du disque de gambas et servez.

ASTUCES : Vous pouvez remplacer le gingembre râpé par du jus de citron ou d'orange. À défaut d'orange sanguine, une orange fera l'affaire.

SALADE DE CHOUX COLORÉE
À L'ÉCORCE DE CITRON

POUR 4 PERSONNES
PRÉPARATION : 10 MIN – CUISSON : 3-4 MIN

100 G DE CHOU-FLEUR
100 G DE CHOU ROMANESCO
100 G DE BROCOLI VERT
LE ZESTE DE **1** CITRON
LE JUS DE **1** CITRON
10 G D'HUILE D'OLIVE
2 PINCÉES DE SEL FIN

POUR LA MOUSSELINE DE BROCOLI
200 G DE BROCOLI VERT
10 G DE ROMARIN HACHÉ
10 G D'HUILE D'OLIVE
SEL

Préparez d'abord la mousseline. Faites cuire le brocoli à l'anglaise pendant 3-4 min dans de l'eau bouillante salée. Égouttez-le, puis plongez-le directement dans de l'eau glacée. Mixez-le avec le romarin haché et l'huile d'olive.
À l'aide d'une mandoline, détaillez le chou-fleur, le chou romanesco et le brocoli vert en fines lamelles. Rassemblez-les, puis assaisonnez ce mélange avec le zeste de citron râpé, le jus de citron, l'huile d'olive et le sel.
Dressez une larme de mousseline de brocoli dans chaque assiette, puis disposez à côté la salade de choux assaisonnée.

ASTUCES : Ne faites pas cuire le brocoli plus de 4 min, pour préserver sa saveur et sa couleur. Cette salade peut être servie avec une volaille rôtie ou un poisson à la vapeur.

AVOCAT, KIWI, SÉSAME NOIR

POUR 4 PERSONNES
PRÉPARATION : 5 MIN

4 AVOCATS
10 G DE SÉSAME NOIR
20 G D'HUILE D'OLIVE
LE JUS DE **1** CITRON

POUR LE GUACAMOLE AVOCAT-KIWI
1 KIWI (SOIT ENVIRON 70 G)
1 AVOCAT (SOIT ENVIRON 150 G)
8 G D'HUILE D'OLIVE
4 G DE JUS DE CITRON

Préparez d'abord le guacamole : pelez le kiwi et l'avocat, puis mixez-les à l'aide d'un blender avec l'huile d'olive et le jus de citron.
Pelez les 4 avocats et taillez-les en lamelles. Assaisonnez avec le sésame noir, l'huile d'olive et le jus de citron. Servez avec le guacamole avocat-kiwi dans des petites assiettes creuses.

ASTUCE : Vous pouvez ajouter à cette salade quelques lamelles de poisson cru.

CÉLERI EN SALADE, AGRUMES ET CURCUMA

POUR 4 PERSONNES
PRÉPARATION : 5 MIN

240 G DE CÉLERI
LE ZESTE DE **1/2** ORANGE
SANGUINE

**POUR LA VINAIGRETTE
AGRUMES-CURCUMA**
20 G DE JUS D'ORANGE
SANGUINE

10 G DE JUS DE
PAMPLEMOUSSE
20 G D'HUILE D'OLIVE
1 PINCÉE DE SEL FIN
1 PINCÉE DE CURCUMA BIO
EN POUDRE

Taillez le céleri en très fines lamelles à l'aide d'une mandoline. Mélangez le jus d'orange sanguine avec le jus de pamplemousse et l'huile d'olive, puis assaisonnez avec le sel fin et le curcuma. Arrosez les lamelles de céleri de cette vinaigrette et mélangez bien. Dressez dans des assiettes plates, puis râpez quelques zestes d'orange sanguine sur le dessus.

ASTUCE : On peut utiliser du curry à la place du curcuma.

CARPACCIO DE TOPINAMBOUR, PIGNONS DE PIN

POUR 4 PERSONNES
PRÉPARATION : 10 MIN – CUISSON : 7 MIN

40 G DE PIGNONS DE PIN
2 TOPINAMBOURS DE 250 G
CHACUN
1 L D'EAU
LE JUS DE **1** CITRON
QUELQUES POUSSES
DE SALADE

SEL
POIVRE

POUR L'HUILE CITRONNÉE
30 G D'HUILE D'OLIVE
LE JUS ET LE ZESTE
DE **1/2** CITRON

Préchauffez le four à 160°C (th. 5-6). Faites-y torréfier les pignons de pin pendant 7 min. Pelez les topinambours et taillez-les en lamelles à l'aide d'une mandoline. Portez l'eau à ébullition avec le jus de citron. Pochez les lamelles de topinambour 3 s dans l'eau citronnée bouillante, puis plongez-les dans de l'eau glacée pour les faire refroidir.
Mélangez l'huile d'olive avec le jus et le zeste de citron râpé pour obtenir une huile citronnée.
Disposez les lamelles de topinambour dans le fond de chaque assiette en formant une rosace, puis assaisonnez avec l'huile d'olive citronnée à l'aide d'un pinceau, un peu de sel et de poivre. Disposez dessus les pignons de pin et quelques pousses de salade.

ASTUCE : Pour apporter une touche gourmande, ajoutez une tranche de lard fumé poêlée sur le carpaccio.

CÉLERI RÔTI ENTIER, PIQUÉ DE RÉGLISSE ET DE CANNELLE

POUR 4 PERSONNES
PRÉPARATION : 10 MIN – CUISSON : 1 H 30

1 BELLE PIÈCE DE CÉLERI
GROS SEL
4 BÂTONS DE CANNELLE
4 BÂTONS DE RÉGLISSE

100 G DE BEURRE
SEL
POIVRE

Préchauffez le four à 170 °C (th. 6). Couvrez le fond d'un plat allant au four d'un lit de gros sel. Déposez le céleri entier dessus, puis piquez-le de bâtons de cannelle et de réglisse. Enfournez et laissez cuire 1 h 30. Vérifiez la cuisson à l'aide d'un couteau : la pointe doit pouvoir s'enfoncer sans forcer.

Découpez un chapeau au sommet du céleri à l'aide d'un couteau, puis videz-le avec une cuillère à soupe. Écrasez la pulpe de céleri en ajoutant le beurre, puis assaisonnez en sel et en poivre. Remettez cette purée dans la coque du céleri et servez celui-ci tel quel.

ASTUCES : Si la purée n'est pas assez épicée à votre goût, ajoutez un bâton de réglisse râpé à la Microplane®. Vous pouvez aussi couper le céleri en gros quartiers, comme un melon.

LENTILLES AUX LÉGUMES, CURRY, JAMBON

POUR 4 PERSONNES
PRÉPARATION : 10 MIN – CUISSON : 30 MIN

500 G DE LENTILLES
150 G DE CAROTTES
100 G DE CÉLERI BRANCHE
100 G DE POIVRON
80 G DE COCHON FUMÉ
(COUENNE)
10 G DE THYM

900 G D'EAU
20 G D'HUILE D'OLIVE
15 G DE SEL FIN
1 G DE POIVRE NOIR MOULU
50 G DE BEURRE
1/2 C. À S. DE MOUTARDE

Préchauffez le four à 170 °C (th. 6). Pelez les carottes et le céleri, puis taillez-les en brunoise. Coupez le poivron en lamelles. Mettez le tout dans un faitout avec les lentilles, le cochon fumé et le thym. Ajoutez l'eau et l'huile d'olive, puis portez à ébullition. Recouvrez d'une feuille de papier d'aluminium et enfournez. Laissez cuire 30 min.
À la sortie du four, ajoutez au plat le sel fin, le poivre moulu, le beurre et la moutarde.

ASTUCE : S'il vous reste des lentilles, ajoutez 1 l d'eau, mixez au blender et passez le tout au chinois étamine pour réaliser un velouté de lentilles, puis vérifiez l'assaisonnement. Vous pouvez aussi les consommer froides, en salade.

PAPILLOTE DE MOULES
AU CITRON ET POIVRE NOIR

POUR 1 PERSONNE
PRÉPARATION : 5 MIN – CUISSON : 10 MIN

350 G DE MOULES
2 RONDELLES DE CITRON JAUNE

1 BRANCHE DE THYM
1 PINCÉE DE POIVRE NOIR
1 FILET D'HUILE D'OLIVE

Préchauffez le four à 180 °C (th. 6). Mettez les moules sur une feuille de papier d'aluminium, puis disposez les rondelles de citron et la branche de thym dessus. Recouvrez d'une seconde feuille d'aluminium et repliez bien les bords pour que la papillote soit hermétique et qu'elle gonfle à la cuisson. Enfournez et faites cuire 10 min. À la sortie du four, ouvrez la papillote et assaisonnez avec le poivre noir et l'huile d'olive.

ASTUCE : Pour une papillote plus riche et encore plus gourmande, vous pouvez également ajouter du lard fumé et un peu de crème.

PAPILLOTE DE MERLAN, POIREAU, CAROTTE, LAURIER ET SAFRAN

POUR 1 PERSONNE
PRÉPARATION : 10 MIN – CUISSON : 8 À 10 MIN

1 PIÈCE DE MERLAN D'ENVIRON 120 G, SANS ARÊTES ET SANS PEAU
30 G DE CAROTTE
30 G DE BLANC DE POIREAU
1 RONDELLE DE CITRON JAUNE

1 FEUILLE DE LAURIER
1 BRANCHE DE THYM
4 FILAMENTS DE SAFRAN
1 FILET D'HUILE D'OLIVE
1 PINCÉE DE SEL FIN

Préchauffez le four à 180 °C (th. 6). Lavez la carotte et le blanc de poireau, et taillez-les le plus finement possible à l'aide d'un couteau ou d'une mandoline.

Déposez les légumes sur une feuille de papier d'aluminium d'environ 30 x 30 cm. Ajoutez le poisson, la feuille de laurier, 1 rondelle de citron, la branche de thym et les filaments de safran. Ajoutez l'huile d'olive et le sel, puis recouvrez avec une seconde feuille de papier d'aluminium. Fermez en pinçant l'aluminium de manière à réaliser un rectangle hermétique qui permettra à la papillote de gonfler à la cuisson. Enfournez pour 8 à 10 min. Les papillotes sont cuites quand elles sont gonflées. Servez aussitôt.

ASTUCES : Remplacez le poireau par un autre légume, comme du chou-fleur ou du céleri. Vous pouvez préparer la papillote la veille et la mettre au four avant de servir.

FROMAGE BLANC, CONFITURE, TUILE DE CÉRÉALES

POUR 1 PERSONNE
PRÉPARATION : 5 MIN – CUISSON : 10 MIN

2 C. À S. DE FROMAGE BLANC À 40 % DE M. G.
1 C. À S. DE CONFITURE DE FRUIT (SELON VOTRE GOÛT)

POUR LA TUILE DE CÉRÉALES
120 G DE PISTACHES
120 G D'AMANDES
120 G DE GRAINES DE COURGE
40 G DE BLANC D'ŒUF

Préchauffez le four à 160 °C (th. 5-6). Faites-y torréfier les pistaches, les amandes et les graines de courge pendant 7 min. Mélangez-les avec le blanc d'œuf, puis disposez sur une plaque allant au four recouverte d'une feuille de papier cuisson. Enfournez et laissez cuire 3 min à 160 °C pour obtenir une belle tuile. Dressez le fromage blanc dans une belle verrine, puis déposez la confiture. Servez avec la tuile de céréales.

ASTUCES : La tuile de céréales peut être réalisée avec des graines de tournesol, de lin, des flocons d'avoine, etc. Remplacez le fromage blanc par du yaourt ou de la faisselle.

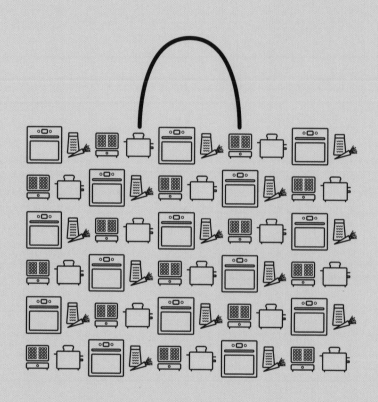

LUNCH BOX

COCHON VERSION SALADE

POUR 4 PERSONNES
PRÉPARATION : 10 MIN – CUISSON : 30 MIN

1 RÔTI DE PORC D'ENVIRON 400 G
2 C. À S. D'HUILE DE TOURNESOL
2 C. À S. DE BEURRE
MESCLUN DE SALADE
20 G D'OSSAU-IRATY

POUR LA PÂTE DE NOIX
120 G DE NOIX
1 PINCÉE DE FLEUR DE SEL
20 G D'HUILE D'OLIVE
1 C. À C. DE MOUTARDE

Préchauffez le four à 180 °C (th. 6). Mettez le rôti de porc dans un plat avec l'huile de tournesol et le beurre. Enfournez et faites rôtir pendant 20 min. Une fois cuit, laissez le rôti refroidir, puis détaillez de beaux lardons épais.

Torréfiez les noix pendant 10 min à 160 °C (th. 5-6). Mixez-les dans un blender avec la fleur de sel, l'huile d'olive et la moutarde.

Répartissez les lardons dans des assiettes et ajoutez la pâte de noix. Servez avec le mesclun de salade et quelques copeaux d'ossau-iraty.

ASTUCES : Vous pouvez remplacer les noix par des amandes. À la place de l'ossau-iraty, vous pouvez utiliser un autre fromage de caractère, tel que de la tome ou du gruyère.

POULET VERSION SALADE

POUR 4 PERSONNES
PRÉPARATION : 20 MIN – CUISSON : 30 MIN

4 CUISSES DE POULET
FERMIER
1 NOIX DE BEURRE
1 FILET D'HUILE
DE TOURNESOL
1 FILET D'HUILE D'OLIVE

10 G DE SAUCE SOJA
10 G DE GRAINES
DE TOURNESOL
200 G DE SALADE
DE ROQUETTE

Préchauffez le four à 180 °C (th. 6). Mettez les cuisses dans un plat allant au four, et ajoutez le beurre et l'huile de tournesol. Enfournez et laissez cuire 25 min.
Poêlez les cuisses avec l'huile d'olive pendant 5 min, puis déglacez avec la sauce soja de manière à les faire caraméliser. Ajoutez les graines de tournesol.
Servez les cuisses de poulet avec la salade de roquette.

ASTUCE : Il est possible de remplacer la roquette par un mélange de salades.

COCHON VERSION SANDWICH

POUR 1 SANDWICH
PRÉPARATION : 10 MIN – CUISSON : 1 MIN

1 PAIN AU PAVOT
60 G DE RÔTI DE PORC
1 POIGNÉE DE SALADE
DE ROQUETTE
1 FILET D'HUILE D'OLIVE
QUELQUES COPEAUX
DE FROMAGE SEC (DE TYPE
TOME OU OSSAU-IRATY)

SEL
POIVRE

POUR LA MAYONNAISE
1 JAUNE D'ŒUF
1 C. À C. DE MOUTARDE
20 G D'HUILE DE TOURNESOL
5 G DE CÂPRES
5 G DE CORNICHONS

Réalisez une mayonnaise en fouettant le jaune d'œuf avec la moutarde. Ajoutez l'huile en filet sans cesser de fouetter. Hachez les câpres et les cornichons, puis incorporez-les.

Parez les 2 extrémités du pain et coupez-le en deux dans la longueur. Tartinez-le de mayonnaise. Taillez de fines lamelles de rôti de porc et déposez-les dans le pain avec la salade de roquette. Assaisonnez avec l'huile d'olive, le sel et le poivre, puis ajoutez des copeaux de fromage. Refermez le sandwich sur lui-même et pressez-le dans une machine à panini pendant 1 min.

ASTUCE : Si vous n'avez pas de machine à panini, placez le sandwich entre 2 plaques allant au four et faites-le cuire à 180 °C (th. 6) pendant 1 min.

POULET VERSION SANDWICH

POUR 4 PERSONNES
PRÉPARATION : 20 MIN – CUISSON : 15 MIN

2 FILETS DE POULET
FERMIER
BEURRE
HUILE D'OLIVE
8 TRANCHES DE LARD FUMÉ
1 PAIN DE MAÏS
PRÉ-TRANCHÉ

POUR LA MAYONNAISE
2 JAUNES D'ŒUFS
2 C. À C. DE MOUTARDE
40 G D'HUILE DE TOURNESOL
60 G DE MESCLUN DE
SALADE
SEL
POIVRE

Préchauffez le four à 180 °C (th. 6). Mettez les filets de poulet dans un plat allant au four, puis ajoutez le beurre et l'huile d'olive. Enfournez et laissez cuire 15 min. Réalisez la mayonnaise en fouettant les jaunes d'œufs avec la moutarde. Ajoutez l'huile en filet sans cesser de fouetter. Hachez le mesclun grossièrement, puis mélangez-le à la mayonnaise. Assaisonnez en sel et en poivre.
Taillez 8 fines lamelles de lard fumé et poêlez-les. Retirez la peau des filets de poulet et taillez-les finement. Toastez les tranches de pain de maïs au grille-pain ou au four à 160 °C (th. 5-6) pendant 1 min. Tartinez 1 tranche du mélange mesclun-mayonnaise, puis ajoutez le poulet et le lard. Réitérez cette opération, puis empilez sur la première tranche et surmontez le tout d'une dernière tranche de pain toasté. Disposez la peau de poulet croustillante dessus.

ASTUCE : Il est possible de remplacer le lard par des tomates et des œufs durs.

ŒUFS MIMOSA ALLÉGÉS
À LA VERVEINE

POUR 4 PERSONNES
PRÉPARATION : 15 MIN

8 ŒUFS DURS
1 C. À S. D'HUILE D'OLIVE
1 G DE PIMENT D'ESPELETTE
SEL
10 G DE VERVEINE HACHÉE

**POUR LA MAYONNAISE
ALLÉGÉE**
10 G DE CRÈME LIQUIDE
2 JAUNES D'ŒUFS
1 C. À C. DE MOUTARDE
30 G D'HUILE DE TOURNESOL

Tamisez les blancs et les jaunes des œufs durs séparément. Montez la crème liquide en chantilly dans un batteur muni du fouet. Réalisez une mayonnaise en fouettant les jaunes d'œufs avec la moutarde. Ajoutez l'huile en filet sans cesser de fouetter. Incorporez la crème chantilly.

Assaisonnez les blancs d'œufs tamisés avec l'huile d'olive, le piment d'Espelette, le sel et la verveine hachée. Déposez-les dans le fond de petites assiettes creuses. Ajoutez la mayonnaise allégée, puis terminez avec la poudre de jaune d'œuf.

ASTUCE : Agrémentez cette recette en ajoutant des miettes de crabe ou remplacez la verveine par du basilic.

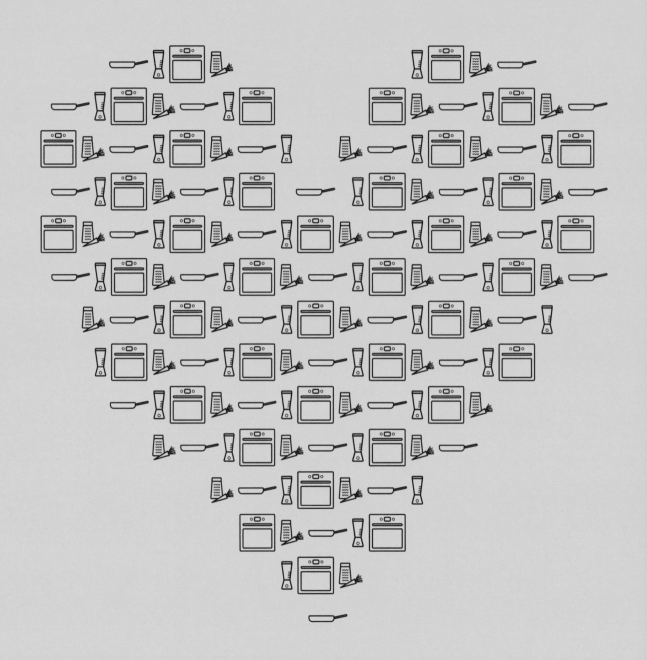

EN AMOUREUX

SALADE DE POIS CHICHES, AGRUMES

POUR 2 PERSONNES
PRÉPARATION : 10 MIN – CUISSON : 1 MIN

250 G DE POIS CHICHES
2 G DE CITRON CONFIT
5 G DE PERSIL
5 G DE BASILIC
10 G D'ÉPINARDS
50 G DE CREVETTES
(ENVIRON 5 PIÈCES)
1 ORANGE SANGUINE
6 G D'HUILE D'OLIVE

6 G DE SEL FIN
1 G DE PIMENT D'ESPELETTE

**POUR LA MERINGUE
AU POIS CHICHE**
50 G DE JUS DE POIS
CHICHE
1 G DE JUS DE CITRON
1 G DE ZESTE DE CITRON
1 G DE SEL FIN

Égouttez les pois chiches en conservant le jus pour la fausse meringue. Rincez-les sous l'eau froide. Hachez le citron confit et ciselez toutes les herbes. Décortiquez les crevettes et faites-les cuire 1 min au four vapeur ou à la poêle. Taillez-les en biais et mettez-les dans un saladier. Ajoutez les pois chiches, le jus ainsi que le zeste râpé de l'orange sanguine, l'huile d'olive, le citron confit et les herbes. Assaisonnez avec le sel fin et le piment d'Espelette et mélangez délicatement. Réservez. Versez 50 g du jus de pois chiche réservé avec le jus de citron et le zeste râpé dans la cuve d'un batteur muni du fouet. Salez, puis montez la préparation jusqu'à l'obtention d'une neige similaire à une meringue. Servez avec la salade.

ASTUCES : Cette recette est également réalisable avec des langoustines, des langoustes ou du homard. Attention, la mousse de pois chiche retombe au bout de 10 min.

FLAN AU ROMARIN, MOUSSE DE MAÏS ET TANDOORI

POUR 2 PERSONNES
PRÉPARATION : 10 MIN – CUISSON : 20 MIN
INFUSION : 10 MIN

POUR LE FLAN AU ROMARIN
50 G DE CRÈME
12 G DE ROMARIN
3 ŒUFS

POUR LA MOUSSE DE MAÏS
150 G DE MAÏS EN BOÎTE
125 G DE LAIT
125 G DE CRÈME
QUELQUES PINCÉES D'ÉPICES TANDOORI

Préchauffez le four à 130 °C (th. 4-5). Faites chauffer la crème dans une casserole et mettez-y le romarin à infuser pendant 10 min à couvert. Pendant ce temps, fouettez les œufs. Mélangez le tout et versez dans des verrines. Faites cuire au bain-marie dans le four pendant 18 min environ.

Égouttez le maïs. Faites chauffer le lait avec la crème et mixez avec le maïs dans un blender. Passez la préparation à travers un chinois étamine, puis mettez dans un siphon et ajoutez 2 cartouches de gaz.

Une fois que les flans au romarin sont cuits, recouvrez de mousse de maïs et assaisonnez avec une pincée de tandoori.

ASTUCES : Vous pouvez remplacer le romarin par du thym. Les flans sont cuits lorsqu'ils sont figés.

POMMES DE TERRE VITELOTTES ET LANGOUSTINES

POUR 2 PERSONNES
PRÉPARATION : 15 MIN
CUISSON : 15 MIN + 1 MIN – REPOS : 2 H

200 G DE POMMES DE TERRE VITELOTTES
10 G D'HUILE D'OLIVE
12 LANGOUSTINES
1 C. À S. D'HUILE D'OLIVE

QUELQUES POUSSES DE SALADE
LE ZESTE DE **1** CITRON VERT
10 G DE CRÈME ÉPAISSE
SEL

Épluchez les pommes de terre vitelottes et faites-les cuire dans une casserole d'eau bouillante salée pendant 15 min environ.

Passez la chair des pommes de terre au presse-purée en ajoutant l'huile d'olive pour la détendre. Étalez la purée obtenue entre 2 feuilles de papier sulfurisé à l'aide d'un rouleau à pâtisserie sur une épaisseur de 1 cm, puis entreposez au réfrigérateur. Laissez reposer ainsi 2 h.

Taillez la purée bien froide en 4 bandes de 10 x 5 cm.

Décortiquez les langoustines et faites-les cuire 1 min à la poêle dans l'huile d'olive.

Disposez les bandes de purée sur des assiettes plates et déposez 3 langoustines sur chacune d'elles. Ajoutez quelques pousses de salade, râpez le citron vert sur le dessus et disposez quelques points de crème épaisse sur le côté. Servez chaud ou froid.

LAIT DE NOISETTE,
SAINT-JACQUES ET QUINOA

POUR 4 PERSONNES
PRÉPARATION : 10 MIN – CUISSON : 20 MIN
INFUSION : 30 MIN

100 G DE NOISETTES
ENTIÈRES
250 G DE LAIT
100 G DE QUINOA
6 NOIX DE SAINT-JACQUES

1 C. À S. D'HUILE D'OLIVE
QUELQUES PLUCHES
DE CERFEUIL
SEL

Préchauffez le four à 160 °C (th. 5-6). Mettez les noisettes sur une plaque et enfournez. Laissez-les torréfier 10 min. Pendant ce temps, faites chauffer le lait dans une casserole. Mettez les noisettes torréfiées à infuser dans le lait chaud pendant 30 min à couvert.

Faites cuire le quinoa dans une casserole d'eau bouillante salée pendant 6 min environ, puis laissez refroidir. Mixez le lait et les noisettes à l'aide d'un blender pour obtenir une émulsion.

Poêlez les noix de saint-jacques dans de l'huile d'olive à feu moyen en comptant 30 s par face.

Déposez le quinoa au centre de chaque assiette, disposez les saint-jacques et entourez de mousse de lait. Décorez de quelques pluches de cerfeuil.

GRANITÉ DE BETTERAVE, GINGEMBRE, CITRON VERT

POUR 2 PERSONNES
PRÉPARATION : 5 MIN

105 G DE BETTERAVE CUITE
6 G DE GINGEMBRE PELÉ
20 G DE JUS DE CITRON VERT (SOIT LE JUS DE 1 CITRON VERT)

3,5 G D'HUILE D'OLIVE
40 G D'EAU
150 G DE GLAÇONS
1,5 G DE VINAIGRE DE XÉRÈS

Mettez tous les ingrédients dans un blender et mixez jusqu'à l'obtention d'une préparation givrée. Servez dans des bols.

ASTUCE : Ajoutez 30 g de sucre semoule et servez ce granité en dessert.

PAN CON TOMATE À MA FAÇON

POUR 2 PERSONNES
PRÉPARATION : 10 MIN – REPOS : 2 H

2 FEUILLES DE GÉLATINE
150 G DE TOMATES (SOIT
ENVIRON 2 TOMATES)
25 G DE CRÈME
2,5 G DE CONCENTRÉ DE
TOMATE

1/2 GOUSSE D'AIL
2 TRANCHES DE PAIN
2 TRANCHES DE JAMBON
SEC
FEUILLES DE ROQUETTE
HUILE D'OLIVE

Faites tremper la gélatine dans de l'eau froide pour l'hydrater. Mettez les tomates dans le bol d'un blender avec la crème, le concentré de tomate et l'ail. Mixez le tout. Faites chauffer 50 g du liquide obtenu dans une casserole, puis ajoutez la gélatine égouttée. Rassemblez avec le restant de liquide, mélangez l'ensemble et versez dans 2 petits bols. Entreposez 2 h au réfrigérateur pour laisser prendre la préparation. Dans chaque bol, déposez une tranche de pain surmontée d'une tranche de jambon ainsi que quelques feuilles de roquette et assaisonnez avec quelques gouttes d'huile d'olive.

ASTUCE : Vous pouvez remplacer la tomate par de la courgette.

MILLEFEUILLE DE CRÊPES CROUSTILLANTES

POUR 4 PERSONNES
PRÉPARATION : 10 MIN – CUISSON : 10 MIN

POUR LA PÂTE À CRÊPES
40 G DE FARINE
50 G D'ŒUF
12,5 CL DE LAIT
25 G DE BEURRE NOISETTE
(FACULTATIF)

POUR LA CHANTILLY VANILLE
200 G DE CRÈME LIQUIDE
À 35 % DE M. G.
1 GOUSSE DE VANILLE
30 G DE SUCRE SEMOULE
SUCRE GLACE

Réalisez la pâte à crêpes : versez la farine en puits dans un saladier et ajoutez l'œuf progressivement. Incorporez le lait petit à petit, puis éventuellement le beurre noisette tout en fouettant. Faites cuire les crêpes à la poêle pendant 1 min jusqu'à épuisement de la pâte.

Préchauffez le four à 160 °C (th. 5-6). Disposez les crêpes, bien espacées, entre 2 plaques allant au four et 2 feuilles de papier sulfurisé. Enfournez et laissez cuire 5 min. Laissez refroidir.

Pendant ce temps, dans un batteur muni du fouet, montez la crème liquide avec les graines de vanille et le sucre jusqu'à l'obtention d'une chantilly. Empilez 5 ou 6 crêpes croustillantes en les intercalant de crème chantilly, comme pour un millefeuille, puis saupoudrez de sucre glace.

ASTUCE : Complètez ce dessert par quelques morceaux de fruits frais de saison.

ANNEXES

101

TABLE DES MATIÈRES

INDEX DES PRODUITS

INDEX PAR TYPE DE RECETTES

INDEX PAR TYPE DE CUISSON

AU GAUFRIER-PANINI

AU FOUR

AU GRILLE-PAIN

CRU

EN PAPILLOTE

DIRECTEUR DE COLLECTION
Alain Ducasse

DIRECTRICE
Aurore Charoy

RESPONSABLE ÉDITORIALE
Alice Gouget

ÉDITRICE
Jessica Rostain

PHOTOGRAPHIES
Philippe Vaurès Santamaria

STYLISME CULINAIRE
Caroline Wietzel

DIRECTION ARTISTIQUE ET CONCEPTION GRAPHIQUE
Soins Graphiques
Pierre Tachon, Sophie Brice & Camille Demaimay

PHOTOGRAVURE
Nord Compo

RESPONSABLE MARKETING ET COMMUNICATION
Camille Gonnet
camille.gonnet@alain-ducasse.com

Imprimé en CE
ISBN 978-2-84123-914-6
Dépôt légal 2e trimestre 2017

© Alain Ducasse Édition 2017
Alain Ducasse Édition
2 rue Paul-Vaillant-Couturier
92300 Levallois-Perret